RANJOT SINGH CHAHAL

Productivity Pro

Stratégies pratiques et conseils pour réussir

Contents

Chapitre 1 : Définir des objectifs SMART

Dans le chemin du succès, la première étape de tout plan consiste à fixer des objectifs spécifiques, mesurables, réalisables, réalistes et limités dans le temps (SMART). Le processus de définition d'objectifs vous aide à choisir où vous souhaitez aller dans la vie. En comprenant clairement ce que vous voulez réaliser, vous risquez moins de vous éloigner de la piste et de perdre du temps sur la touche. Les objectifs donnent une direction et un but à nos vies.

1.1 Définir des objectifs spécifiques

L'un des éléments clés de la définition d'objectifs SMART est de s'assurer qu'ils sont spécifiques. Un objectif spécifique décrit clairement ce que vous souhaitez atteindre et fournit une feuille de route pour y parvenir. En définissant vos objectifs avec précision, vous augmentez les chances de succès et pouvez mesurer efficacement les progrès.

Exemple 1 : Objectif non spécifique
    "Je veux me mettre en forme."

Cet objectif est trop large et manque de spécificité. Il laisse place à l'interprétation et ne fournit pas d'orientation claire. Pour être précis, vous devez définir ce que « se mettre en forme » signifie pour vous personnellement.

Exemple 2 : objectif spécifique
   "Je veux perdre 10 kilos et améliorer mon endurance cardio-vasculaire en courant trois miles sans m'arrêter dans les trois mois."

Cet objectif est spécifique car il décrit clairement le résultat souhaité et les actions spécifiques requises pour y parvenir. Il fournit un objectif tangible vers lequel travailler.

1.2 S'assurer que les objectifs sont mesurables

Mesurer les progrès vers vos objectifs est essentiel pour rester motivé et suivre votre réussite. En établissant des objectifs mesurables, vous pouvez évaluer objectivement vos progrès et procéder à des ajustements si nécessaire.

Exemple 3 : Objectif non mesurable
   «Je veux améliorer mes compétences culinaires.»

Bien que cet objectif implique une amélioration, il ne permet pas de mesurer cette amélioration. Pour le rendre mesurable, vous devez identifier des indicateurs ou des jalons spécifiques qui peuvent être suivis.

Exemple 4 : Objectif mesurable
   «Je veux apprendre cinq nouvelles recettes et réussir chacune

d'elles au moins trois fois en six mois.»

Cet objectif est mesurable car il comprend des activités spécifiques et un calendrier dans lequel les progrès peuvent être suivis. Il fournit des preuves concrètes pour déterminer si l'objectif a été atteint ou non.

1.3 Travailler vers des objectifs réalisables

Fixer des objectifs réalisables signifie s'assurer qu'ils sont réalistes et réalisables. Il est important de prendre en compte les compétences et les limites de vos ressources disponibles lors de la définition de vos objectifs.

Exemple 5 : Objectif non réalisable
«Je veux devenir golfeur professionnel d'ici un an, même si je n'ai jamais joué au golf auparavant.»

Même s'il est admirable d'aspirer à devenir golfeur professionnel, cet objectif est peut-être trop ambitieux et irréaliste. Il est essentiel de vous fixer des objectifs qui sont à votre portée en fonction de vos capacités et de votre situation actuelle.

Exemple 6 : Objectif réalisable
«Je souhaite améliorer mon handicap au golf de cinq coups au cours des six prochains mois en prenant des cours réguliers et en s'entraînant au moins trois heures par semaine.»

Cet objectif est réalisable car il reconnaît la nécessité de développer les compétences et fixe un objectif réaliste d'amélioration. Il prend en compte le temps et les efforts nécessaires pour atteindre le résultat souhaité.

1.4 Fixer des objectifs réalistes

Fixer des objectifs réalistes est étroitement lié à la définition d'objectifs réalisables. Des objectifs réalistes prennent en compte des facteurs externes tels que les ressources en temps et les priorités concurrentes.

Exemple 7 : Objectif non réaliste
   "Je veux écrire un roman à succès d'ici un mois, même si j'ai un travail à temps plein et des responsabilités familiales."

Bien qu'il soit merveilleux d'aspirer à écrire un roman à succès, cet objectif n'est peut-être pas réaliste étant donné les contraintes de temps actuelles de l'écrivain. Il est important de fixer des objectifs qui correspondent à vos engagements et aux ressources disponibles.

Exemple 8 : Objectif réaliste
   "Je veux écrire une ébauche de roman d'ici un an en consacrant au moins une heure par jour à l'écriture."

Cet objectif est réaliste car il prend en compte les contraintes de temps actuelles de l'écrivain et définit des attentes réalisables. Cela permet de progresser de manière constante tout en gérant d'autres responsabilités.

1.5 Objectifs limités dans le temps

Fixer un calendrier précis pour atteindre vos objectifs crée un sentiment d'urgence et vous aide à gérer efficacement vos progrès. Des objectifs limités dans le temps vous permettent de rester concentré et d'éviter la procrastination.

Exemple 9 : Objectif non limité dans le temps
«Je veux apprendre une nouvelle langue.»

Bien qu'apprendre une nouvelle langue soit un objectif précieux, il manque un calendrier clair. Sans date limite, il est facile de retarder l'action ou de perdre la motivation.

Exemple 10 : Objectif limité dans le temps
"Je veux parler couramment l'espagnol d'ici neuf mois en consacrant au moins 30 minutes chaque jour à l'étude et à la pratique."

Cet objectif est limité dans le temps car il fixe une date limite pour atteindre la maîtrise de la conversation. Cela donne un sentiment d'urgence et permet une planification et un suivi des progrès appropriés.

En conclusion, la définition d'objectifs SMART est un outil puissant pour la définition et la réalisation efficaces d'objectifs. En définissant des objectifs spécifiques, mesurables, réalisables, réalistes et limités dans le temps, vous vous fournissez une feuille de route pour réussir. Utilisez ces principes pour définir vos objectifs et augmenter vos chances de les atteindre. N'oubliez pas de revoir et d'ajuster périodiquement vos objectifs pour vous assurer qu'ils restent pertinents et alignés sur vos aspirations.

Chapitre 2 : Priorisation des tâches

La priorisation des tâches est une compétence cruciale pour une gestion efficace du temps et de la productivité. Cela implique d'évaluer l'importance et l'urgence de diverses responsabilités afin d'allouer efficacement le temps et les ressources. En fixant des priorités claires, les individus peuvent s'assurer qu'ils se concentrent sur des activités à fort impact qui correspondent à leurs objectifs. La priorisation aide à éviter de se sentir dépassé et garantit que les tâches essentielles sont accomplies en premier. Cela implique souvent de créer des listes de tâches, d'utiliser des outils tels que la matrice d'Eisenhower et de prendre en compte les délais, les conséquences et les préférences personnelles. Une priorisation efficace améliore non seulement la productivité, mais réduit également le stress et améliore les performances globales. C'est une compétence applicable à la vie personnelle et professionnelle, qui aide les individus à atteindre systématiquement leurs objectifs.

2.1 Différencier les tâches urgentes et importantes :

Lorsqu'il s'agit de hiérarchiser les tâches, il est crucial de comprendre la différence entre les tâches urgentes et importantes. Les tâches urgentes nécessitent une attention immédiate et ont un délai serré, tandis que les tâches importantes sont des tâches qui ont un impact significatif sur la réalisation de vos objectifs ou l'exercice de vos responsabilités. Comprendre cette distinction vous permet d'établir des priorités efficacement et d'éviter de vous laisser submerger par un sentiment d'urgence.

Par exemple, imaginez que vous ayez une date limite de projet à la fin de la semaine (urgent) et une réunion avec votre équipe pour discuter de la stratégie à long terme (important). Les deux tâches sont précieuses, mais il est important de reconnaître que la date limite du projet nécessite une attention immédiate en raison de son urgence, tandis que la réunion revêt une importance à long terme pour le succès de l'équipe.

2.2 Utilisation de la matrice d'Eisenhower :

Une méthode efficace pour hiérarchiser les tâches est la matrice d'Eisenhower, également connue sous le nom de matrice urgente-importante. Il permet de catégoriser les tâches en fonction de leur urgence et de leur importance. La matrice comporte quatre quadrants :

1. Quadrant 1 : Urgent et important – Ce sont des tâches qui nécessitent une attention immédiate et sont essentielles pour atteindre vos objectifs. Les exemples incluent le respect des délais, la gestion des urgences ou le traitement des demandes urgentes des clients.

2. Quadrant 2 : Important mais pas urgent – Il s'agit de tâches qui ont un impact significatif sur vos objectifs à long terme mais qui n'ont pas d'échéance immédiate. Les exemples incluent le

développement des compétences en planification stratégique, l'établissement de relations et les activités de soins personnels.

3. Quadrant 3 : Urgent mais pas important – Ces tâches nécessitent une attention immédiate mais ont un impact minimal sur vos objectifs à long terme. Les exemples incluent les appels téléphoniques, les réunions sans importance et certains e-mails qui ne nécessitent pas d'action immédiate.

4. Quadrant 4 : Pas urgent et pas important - Ces tâches ne sont ni urgentes ni importantes et peuvent être considérées comme des distractions ou une perte de temps. Les exemples incluent le défilement des conversations improductives sur les réseaux sociaux ou la navigation excessive sur le Web.

L'objectif de la matrice d'Eisenhower est de concentrer votre attention sur les quadrants 1 et 2, car c'est là que se trouvent les tâches les plus précieuses et les plus percutantes. Les tâches du quadrant 3 doivent être minimisées ou déléguées et les tâches du quadrant 4 doivent être éliminées ou fortement limitées.

Grâce à cette matrice, vous pouvez hiérarchiser efficacement les tâches en vous concentrant sur ce qui compte vraiment et en évitant de vous laisser entraîner dans des activités non essentielles ou de faible valeur.

2.3 Principe de Pareto : la règle des 80/20 :

Un autre concept utile pour hiérarchiser les tâches est le principe de Pareto, également connu sous le nom de règle des 80/20. Ce principe suggère qu'environ 80 % de vos résultats proviennent de 20 % de vos efforts. En d'autres termes, une petite partie de vos tâches crée la majorité de vos résultats.

En appliquant le principe de Pareto, vous pouvez identifier les tâches les plus impactantes et les prioriser en premier, maximisant ainsi votre productivité et votre efficacité. Cette approche permet de garantir que vous consacrez votre temps et votre énergie à des tâches qui ont un impact significatif sur vos objectifs ou vos responsabilités.

Par exemple, disons que vous êtes un entrepreneur dirigeant une entreprise de commerce électronique. En appliquant le principe de Pareto, vous découvrirez peut-être que 80 % de vos revenus proviennent de 20 % de vos produits. En donnant la priorité à l'optimisation de la promotion et au développement de ces 20 % de produits à forte valeur ajoutée, vous pouvez générer une croissance et une rentabilité significatives.

2.4 Évaluation des conséquences d'un retard dans les tâches :

Lors de la priorisation des tâches, il est essentiel de considérer les conséquences du report ou du retard de chaque tâche. Certaines tâches ont des conséquences immédiates si elles ne sont pas exécutées à temps, tandis que d'autres peuvent avoir des conséquences à plus long terme.

Par exemple, payer une facture avant la date d'échéance évite les frais de retard et les interruptions potentielles de service, tandis que tout retard pourrait entraîner des pénalités financières ou des impacts négatifs sur le crédit. D'un autre côté, retarder une tâche moins urgente comme l'organisation de votre espace de travail peut ne pas avoir de conséquences immédiates mais pourrait entraîner une diminution de l'efficacité ou une augmentation du stress au fil du temps.

2.5 Blocage horaire :

Le blocage du temps consiste à allouer des blocs de temps spécifiques dans votre emploi du temps pour vous concentrer sur des tâches ou des catégories de tâches particulières. Cette technique vous aide à consacrer du temps dédié et ininterrompu à vos tâches les plus importantes et souvent les plus difficiles. En structurant votre journée de cette façon, vous pouvez améliorer votre productivité et vous assurer que les tâches importantes reçoivent l'attention qu'elles méritent.

2.6 Déléguer et externaliser :

Reconnaissez que vous n'êtes pas obligé de tout faire vous-même. Déléguer des tâches aux membres de l'équipe ou externaliser certaines responsabilités peut libérer votre temps pour des tâches plus prioritaires. Il est important de faire confiance aux autres et de leur donner les moyens de gérer des tâches moins critiques pour votre rôle.

2.7 Examiner et ajuster régulièrement les priorités :

Les priorités peuvent changer, il est donc crucial de revoir et d'ajuster régulièrement votre liste de tâches. Ce qui était urgent et important hier n'a peut-être plus la même priorité aujourd'hui. Restez flexible et adaptable aux circonstances changeantes et aux nouvelles informations.

2.8 Pratiquez la règle des deux minutes :

Si une tâche prend moins de deux minutes, effectuez-la immédiatement. Cette règle vous aide à aborder rapidement les petites tâches et évite qu'elles s'accumulent et deviennent une source de distraction ou de stress.

2.9 Tenir à jour une liste de tâches ou un planificateur :

Tenir une liste de tâches ou utiliser un planificateur numérique peut être extrêmement utile. Notez vos tâches, délais et priorités pour les garder organisés et facilement accessibles. Des outils tels que des listes de tâches, des applications de calendrier ou un logiciel de gestion de projet peuvent vous aider à gérer efficacement vos tâches.

2.10 Tenez compte de vos niveaux d'énergie :

Reconnaissez que votre niveau d'énergie fluctue tout au long de la journée. Essayez de vous attaquer à vos tâches les plus importantes et les plus difficiles lorsque votre énergie est à son maximum. Enregistrez les tâches routinières ou moins critiques pour les moments où votre énergie diminue naturellement.

2.11 Dites non lorsque cela est nécessaire :

Apprendre à dire non aux tâches ou aux engagements qui ne correspondent pas à vos objectifs ou priorités est une compétence qui peut vous aider à rester concentré sur ce qui compte vraiment.

En intégrant ces stratégies supplémentaires dans votre processus de priorisation des tâches, vous pouvez améliorer encore votre capacité à gérer efficacement votre temps et à atteindre efficacement vos objectifs.

En résumé, la priorisation des tâches implique efficacement de différencier les tâches urgentes des tâches importantes à l'aide d'outils tels que la matrice d'Eisenhower et le principe de Pareto et d'évaluer les conséquences du retard des tâches. En comprenant ces concepts et en les appliquant à vos activités quotidiennes, vous pouvez vous concentrer sur les tâches qui comptent vraiment, maximiser la productivité et atteindre vos objectifs plus efficacement.

Chapitre 3 : Gestion efficace du temps

Une gestion efficace du temps est l'art de maximiser la productivité et d'atteindre des objectifs dans un délai déterminé. Cela implique de fixer des objectifs clairs, de les décomposer en tâches gérables et d'allouer judicieusement le temps. En hiérarchisant les tâches et en éliminant les distractions, les individus peuvent tirer le meilleur parti de leurs heures disponibles. La gestion du temps implique souvent l'utilisation d'outils tels que des calendriers, des planificateurs ou des applications numériques pour planifier des activités et rester organisé. Il s'agit d'une compétence précieuse pour concilier travail, vie personnelle et activités de loisirs, conduisant à une réduction du stress et à une meilleure harmonie entre vie professionnelle et vie privée. La maîtrise de la gestion du temps garantit que les individus peuvent respecter les délais, accroître leur efficacité et tirer le meilleur parti de chaque moment précieux.

3.1 Identifiez les pertes de temps et éliminez-les ou minimisez-les

L'une des étapes fondamentales d'une gestion efficace du temps consiste à identifier et à éliminer ou à minimiser les pertes de temps. Les pertes de temps sont des activités ou des habitudes qui consomment beaucoup de temps sans contribuer à votre productivité et à vos objectifs. En réduisant ou en éliminant ces pertes de temps, vous pouvez libérer plus de temps pour des tâches significatives et importantes.

Parmi les pertes de temps courantes figurent l'utilisation excessive des médias sociaux, les réunions inutiles, la procrastination, le multitâche et les espaces de travail désorganisés. Examinons de plus près chacun d'eux :

Utilisation excessive des réseaux sociaux : les plateformes de réseaux sociaux peuvent créer une dépendance et passer trop de temps à parcourir les flux, à regarder des vidéos ou à participer à des discussions en ligne peut facilement prendre une partie importante de votre journée. Pour surmonter cette perte de temps, vous pouvez définir des limites de temps spécifiques pour l'utilisation des réseaux sociaux, utiliser des bloqueurs de sites Web pour éviter les distractions ou allouer du temps dédié aux réseaux sociaux pendant vos pauses.

Réunions inutiles : les réunions peuvent prendre beaucoup de temps, surtout lorsqu'elles manquent d'objectifs clairs ou comptent trop de participants. Pour minimiser cette perte de temps, assurez-vous que les réunions ont un ordre du jour clair, limitez leur durée et n'invitez que les personnes nécessaires à la discussion. Envisagez également des alternatives telles que des appels téléphoniques pour des mises à jour par courrier électronique ou des réunions virtuelles pour gagner du temps.

Procrastination : La procrastination se produit lorsque nous retardons des tâches ou choisissons de faire des activités moins importantes au lieu de donner la priorité à nos tâches importantes. Cela peut représenter une perte de temps importante, car cela conduit souvent à des tâches précipitées à la dernière minute ou à des délais non respectés. Pour surmonter la procrastination, commencez par diviser les tâches en étapes plus petites et gérables, créez un calendrier ou une liste de tâches et utilisez des techniques telles que la technique Pomodoro (abordée plus loin dans ce chapitre) pour rester concentré.

Multitâche : contrairement à la croyance populaire, le multitâche est en réalité contre-productif et peut entraîner une diminution de l'efficacité et de la précision. Lorsque nous essayons de jongler avec plusieurs tâches à la fois, notre concentration en souffre, ce qui entraîne un travail de moindre qualité et une perte de temps. Concentrez-vous plutôt sur une tâche à la fois et allouez du temps dédié à chaque tâche, ce qui vous permet de les accomplir plus efficacement.

Espaces de travail désorganisés : avoir un espace de travail désorganisé peut entraîner une perte de temps à rechercher des documents, des outils ou des fournitures lorsque vous en avez besoin. Prenez le temps de désencombrer votre espace de travail, organisez vos fichiers numériquement ou physiquement et créez des systèmes pour garantir un accès facile aux ressources dont vous avez besoin. Cela permettra de gagner du temps et d'augmenter la productivité à long terme.

En identifiant ces pertes de temps et en prenant des mesures pour les minimiser ou les éliminer, vous pouvez améliorer considérablement vos compétences en gestion du temps et utiliser plus efficacement votre temps disponible.

3.2 Mise en œuvre des techniques de blocage du temps

Le blocage du temps est une technique de gestion du temps populaire qui consiste à planifier des blocs de temps spécifiques pour différentes tâches ou activités. Il vous aide à allouer du temps dédié aux tâches importantes, améliore votre concentration et garantit l'achèvement des tâches dans les délais impartis. Voici comment mettre en œuvre efficacement le blocage du temps :

Hiérarchiser les tâches : commencez par identifier vos tâches les plus importantes et les plus prioritaires. Ce sont les tâches qui ont le plus grand impact sur vos objectifs et qui nécessitent votre attention immédiate. En identifiant vos priorités, vous pouvez leur consacrer suffisamment de temps dans votre emploi du temps.

Décomposer les tâches : divisez ensuite vos tâches en morceaux plus petits et gérables. Cela les rend plus accessibles et vous aide à allouer du temps approprié pour chaque sous-tâche. Assurez-vous que vos délais sont réalistes et tenez compte de la complexité et du temps requis pour chaque tâche.

Allouez des plages horaires spécifiques : une fois que vous avez décomposé vos tâches, allouez des plages horaires dédiées pour chaque tâche ou catégorie de tâches. Par exemple, vous pouvez allouer un bloc de deux heures le matin pour les travaux importants sur un projet, suivi d'un bloc d'une heure pour les e-mails et la communication. Assurez-vous d'inclure des pauses entre les plages horaires pour vous reposer et vous ressourcer.

Soyez flexible mais discipliné : même si le blocage du temps structure votre emploi du temps, il est important de rester flexible en cas de besoin. Des événements inattendus ou des urgences peuvent survenir et vous devrez peut-être ajuster vos plages horaires en conséquence. Cependant, il est important d'être discipliné et de respecter autant que possible les plages horaires prévues pour éviter des perturbations inutiles.

Utilisez des outils numériques : plusieurs outils et applications numériques peuvent vous aider à mettre en œuvre efficacement le blocage du temps. Les applications de calendrier comme Google Agenda et les applications de productivité comme Todoist ou Trello vous permettent de créer des blocs de temps, de définir des rappels et de suivre vos progrès. Expérimentez avec différents outils et trouvez celui qui correspond le mieux à vos besoins.

En mettant en œuvre des techniques de blocage du temps, vous pouvez mieux gérer votre temps, rester concentré sur les tâches importantes et assurer une plus grande productivité.

3.3 Diviser les tâches en morceaux gérables

Diviser les tâches en morceaux gérables est une stratégie qui contribue à rendre les tâches complexes ou écrasantes plus accessibles. Cela implique de diviser des tâches plus importantes en parties plus petites et plus faciles à gérer, ce qui vous permet de les aborder plus efficacement. Diviser les tâches en morceaux gérables présente plusieurs avantages :

Concentration accrue : face à une tâche importante, il est facile de se sentir dépassé et de perdre sa concentration. Le diviser en morceaux plus petits vous aide à vous concentrer sur un aspect à la fois, évitant ainsi la surcharge cognitive et améliorant votre capacité à rester concentré.

Jalons clairs : diviser les tâches en parties plus petites fournit des jalons clairs qui peuvent vous donner un sentiment de progrès et d'accomplissement. Terminer chaque morceau vous donne un sentiment d'accomplissement qui vous motive à aller de l'avant et augmente votre productivité globale.

Meilleure allocation du temps : en divisant les tâches en morceaux plus petits, vous pouvez allouer des blocs de temps appropriés pour chaque sous-tâche. Cela vous permet d'avoir une estimation plus précise du temps nécessaire pour terminer l'ensemble de la tâche et vous aide à gérer votre temps plus efficacement.

Réduction de la procrastination : surmonter la procrastination peut s'avérer difficile, surtout lorsque l'on est confronté à des tâches ardues. Cependant, diviser les tâches en morceaux gérables les rend moins intimidantes, réduisant ainsi la tendance à la procrastination. Chaque morceau devient plus gérable et moins écrasant, ce qui facilite le démarrage et la progression.

Pour diviser les tâches en morceaux gérables, procédez comme suit :

Identifiez la tâche principale : commencez par identifier la tâche ou le projet principal qui doit être réalisé. Il peut s'agir d'un projet lié au travail, d'un objectif personnel ou de toute autre tâche importante.

Analyser la tâche : analysez ensuite la tâche principale et déterminez les différents composants ou sous-tâches qui la composent. Réfléchissez à ce qui doit être fait et dans quel ordre. Si nécessaire, créez une structure de répartition des tâches ou une carte mentale pour visualiser les sous-tâches et leurs relations.

Décomposez-la : une fois que vous avez analysé la tâche, divisez-la en morceaux plus petits et gérables. Chaque volet doit être relativement indépendant et réalisable dans un délai raisonnable. Notez ces sous-tâches et considérez leur ordre d'achèvement.

Allouer du temps : décidez du temps que vous allouerez à chaque sous-tâche. Tenez compte de la complexité et du temps requis pour chaque morceau et planifiez-les dans votre calendrier ou votre système de blocage du temps en conséquence.

Surveiller les progrès : à mesure que vous terminez chaque sous-tâche, marquez-la comme terminée et suivez vos progrès. Célébrez les petites victoires pour rester motivé et concentré sur la tâche globale.

En divisant les tâches en morceaux gérables, vous pouvez surmonter le sentiment de dépassement, améliorer votre concentration et augmenter votre productivité et votre efficacité.

3.4 Utilisation de la technique Pomodoro

La Technique Pomodoro est une méthode de gestion du temps développée par Francesco Cirillo à la fin des années 1980. Il vous aide à diviser votre travail en intervalles ciblés appelés « Pomodoros suivis de courtes pauses. Cette technique vise à améliorer votre productivité de concentration et la qualité globale du travail. Voici comment mettre en œuvre la technique Pomodoro :

Régler une minuterie : commencez par régler une minuterie pour une durée spécifique, généralement de 25 minutes, appelée « Pomodoro ». Cette durée peut être modulée selon vos préférences et la nature de la tâche.

Travaillez intensément : une fois que le chronomètre commence, travaillez sur une tâche spécifique avec une concentration totale jusqu'à ce que le Pomodoro soit terminé. Évitez toute distraction ou interruption pendant cette période.

Faites une courte pause : Lorsque le Pomodoro se termine, faites une courte pause d'environ 5 minutes. Profitez de ce temps pour vous reposer, vous étirer ou faire quelque chose d'agréable pour vous ressourcer. Évitez de vous engager dans des tâches liées à votre travail pendant cette pause.

Répétez le cycle : après la courte pause, démarrez un autre Pomodoro et continuez votre travail. Répétez ce cycle de travail ciblé suivi de courtes pauses jusqu'à ce que vous atteigniez un nombre prédéterminé de Pomodoros, généralement quatre, puis prenez une pause plus longue de 15 à 30 minutes.

Avantages de la technique Pomodoro :

Améliore la concentration : en travaillant à intervalles ciblés, la technique Pomodoro vous aide à éliminer les distractions et à augmenter votre concentration sur la tâche à accomplir. Cette concentration améliorée conduit à un travail de meilleure qualité et à une plus grande productivité.

Prévient l'épuisement professionnel : des pauses régulières pendant la technique Pomodoro préviennent la fatigue mentale et l'épuisement professionnel. Ils vous permettent de vous ressourcer, d'éviter de vous submerger et de maintenir votre productivité tout au long de la journée.

Améliore l'estimation du temps : La technique Pomodoro vous aide à mieux comprendre le temps requis pour différentes tâches. En suivant le nombre de Pomodoros nécessaires pour effectuer certaines activités, vous pouvez faire des estimations de temps plus précises et planifier votre emploi du temps en conséquence.

Motiver et récompenser les progrès : terminer un Pomodoro et prendre une courte pause fait office de mini-système de récompense. Ce sentiment d'accomplissement et de progrès vous motive à continuer à travailler et à réaliser davantage de Pomodoros.

3.5 Planification de pauses régulières

Planifier des pauses régulières est crucial pour maintenir la productivité, prévenir l'épuisement professionnel et améliorer le bien-être général. Travailler pendant de longues périodes sans pause peut entraîner une diminution de la concentration, une diminution de la motivation et une augmentation des niveaux de stress. En intégrant des pauses régulières dans votre routine quotidienne, vous pouvez recharger votre énergie, améliorer votre clarté mentale et maintenir votre productivité.

Voici quelques avantages clés de la planification de pauses régulières :

Repos et rajeunissement : Les pauses offrent l'occasion de se reposer et de se ressourcer physiquement et mentalement. S'éloigner du travail permet à votre cerveau de se détendre et de récupérer, réduisant ainsi la fatigue et augmentant votre capacité de concentration à votre retour.

Amélioration de la créativité et de la résolution de problèmes : prendre des pauses permet à votre subconscient de travailler sur des problèmes en arrière-plan. Il stimule la créativité, améliore les capacités de résolution de problèmes et conduit à de nouvelles idées et idées.

Productivité accrue : des pauses régulières peuvent en fait augmenter la productivité plutôt que de la gêner. En vous éloignant périodiquement de votre travail, vous évitez les baisses de productivité, restez concentré et abordez les tâches avec une énergie et une clarté renouvelées.

Bien-être général amélioré : prendre des pauses favorise le bien-être mental et physique général. Il réduit le stress et permet de pratiquer des activités favorisant la relaxation comme la marche, les étirements ou la méditation. Des pauses régulières aident également à prévenir les problèmes musculo-squelettiques associés à une position assise prolongée ou à des tâches répétitives.

Comment planifier efficacement des pauses régulières :

Courtes pauses : prévoyez de courtes pauses de 5 à 10 minutes toutes les heures ou deux pendant que vous travaillez sur une tâche. Profitez de ce temps pour vous étirer, prendre une collation saine ou participer à un rapide exercice de pleine conscience.

Pauses plus longues : Intégrez des pauses plus longues de 15 à 30 minutes après avoir effectué quelques heures de travail ciblé. Pendant ces pauses, participez à des activités qui vous aident à vous détendre et à vous ressourcer, comme faire une promenade en écoutant de la musique, pratiquer une respiration profonde ou faire quelque chose d'agréable.

Planifiez des activités agréables : profitez de vos pauses pour participer à des activités que vous trouvez agréables ou en-richissantes. Cela peut inclure la lecture, l'écoute d'un podcast en jouant d'un instrument ou le fait de passer du temps avec ses proches. S'engager dans des activités qui vous apportent de la joie aide à réduire le stress et à rajeunir votre esprit.

En intégrant des pauses régulières dans votre emploi du temps, vous pouvez améliorer votre bien-être général, maintenir votre productivité et éviter l'épuisement professionnel.

En résumé, une gestion efficace du temps est cruciale pour max-imiser la productivité et atteindre vos objectifs. En identifiant et en minimisant les pertes de temps, en mettant en œuvre des techniques de blocage du temps, en divisant les tâches en morceaux gérables à l'aide de la technique Pomodoro et en planifiant des pauses régulières, vous pouvez améliorer considérablement vos compétences en gestion du temps. N'oubliez pas que la gestion du temps est une compétence qui nécessite de la pratique et une adaptation à vos propres préférences et à votre style de travail. Expérimentez différentes stratégies et techniques pour trouver celle qui vous convient le mieux. Avec des efforts constants et une attention consciente à votre temps, vous pouvez maîtriser l'art d'une gestion efficace du temps.

Chapitre 4 : Améliorer la concentration et la concentration

Améliorer la concentration est essentiel pour améliorer la productivité et obtenir de meilleurs résultats dans divers aspects de la vie. Cela implique d'adopter des stratégies pour minimiser les distractions et rester engagé dans les tâches. Des techniques telles que la définition d'objectifs spécifiques, la création d'un environnement de travail propice et la pratique de la pleine conscience peuvent aider à améliorer la concentration. De plus, gérer efficacement son temps, prendre des pauses régulières et hiérarchiser les tâches peut aider à maintenir une attention soutenue. Le développement de ces compétences est crucial pour réussir dans le travail et les études, car il permet aux individus d'accomplir leurs tâches plus efficacement et avec des résultats de meilleure qualité. L'amélioration de la concentration est un processus continu qui peut conduire à une productivité accrue, à une réduction des erreurs et à un plus grand sentiment d'accomplissement.

4.1 Créer un environnement sans distraction

Créer un environnement sans distraction est crucial pour améliorer la concentration. Les distractions externes peuvent grandement entraver notre capacité à rester concentré sur la tâche à accomplir. Voici quelques stratégies que vous pouvez mettre en œuvre pour créer un environnement propice au travail en profondeur :

1. Minimisez les distractions physiques : supprimez de votre espace de travail tous les éléments inutiles qui pourraient détourner votre attention. Gardez votre bureau propre et organisé pour réduire l'encombrement visuel.

2. Contrôle du bruit : réduisez le bruit ambiant en trouvant un espace calme ou en utilisant des écouteurs antibruit. Si un silence complet entrave votre productivité, vous pouvez essayer une musique de fond ou un bruit blanc pour vous aider à vous concentrer.

3. Distractions numériques : désactivez les notifications sur vos appareils ou utilisez des applications qui bloquent certains sites Web ou applications pendant des sessions de travail ciblées. La gestion de votre environnement numérique peut réduire considérablement la tentation de consulter les réseaux sociaux ou de répondre à des messages non urgents.

4. Désignez un espace de travail dédié : Avoir un espace spécifique uniquement pour le travail peut aider à créer une frontière mentale entre le travail et la vie personnelle. Cette séparation peut améliorer la concentration et la concentration.

Exemple 1 : Sarah est une écrivaine indépendante qui a eu du mal à se distraire lorsqu'elle travaillait à domicile. Elle a décidé de transformer une pièce libre en bureau à domicile avec une chaise ergonomique et une décoration minimaliste. En créant un espace de travail désigné, Sarah a pu séparer le travail des activités de loisirs, ce qui a amélioré sa concentration et sa productivité.

Exemple 2 : John, un développeur de logiciels, était facilement distrait par le bruit des travaux à l'extérieur de son appartement. Pour lutter contre cela, il a investi dans des écouteurs antibruit. En bloquant les distractions externes, John a pu mieux se concentrer sur ses tâches de codage et les accomplir plus efficacement.

4.2 Pratiquer la pleine conscience et la méditation

La pleine conscience et la méditation sont des techniques puissantes pour améliorer la concentration. Ils impliquent d'entraîner l'esprit à rester présent et conscient du moment présent sans jugement. La pratique régulière de la pleine conscience et de la méditation peut aider à cultiver un état mental clair et calme, permettant une plus grande concentration et une plus grande attention sur les tâches.

1. Respiration consciente : prenez quelques minutes chaque jour pour vous concentrer sur votre respiration. Faites attention à la sensation de la respiration entrant et sortant de votre corps. Chaque fois que votre esprit commence à vagabonder, ramenez doucement votre attention sur la respiration.

2. Méditation par scan corporel : allongez-vous ou asseyez-vous confortablement et scannez votre corps de la tête aux pieds en prêtant attention aux sensations ou aux zones de tension.

Cette pratique permet de prendre conscience du moment présent et augmente la relaxation corporelle.

3. Alimentation consciente : Ralentissez et savourez chaque bouchée de vos repas. Faites attention aux saveurs, aux textures et aux odeurs des aliments. Cette pratique augmente la conscience et réduit une alimentation inconsidérée, ce qui améliore la concentration et la digestion.

4. Applications de méditation : diverses applications pour smartphone telles que Headspace Calm et Insight Timer proposent des séances de méditation guidées adaptées aux différents besoins et contraintes de temps. Ces applications peuvent être utiles aux débutants ou à ceux qui recherchent une structure dans leur pratique de méditation.

Exemple 3 : Lisa, responsable marketing, se sentait souvent dépassée et dispersée pendant son travail. Elle a commencé à intégrer une courte séance de méditation à sa routine matinale. En prenant seulement 10 minutes pour s'asseoir tranquillement et se concentrer sur sa respiration, Lisa a constaté que son esprit se sentait plus clair et plus concentré tout au long de la journée, ce qui lui permettait d'aborder ses tâches avec plus d'efficacité.

Exemple 4 : Tom, un étudiant, a eu du mal à maintenir sa concentration pendant ses examens. Il a commencé à utiliser une technique de pleine conscience appelée « Technique Pomodoro » où il étudiait intensément pendant 25 minutes suivies d'une pause de 5 minutes. Pendant ces pauses, il pratiquait une respiration consciente ou une méditation rapide, ce qui l'aidait à se ressourcer et à rester concentré pour la prochaine séance d'étude.

4.3 Utiliser le time-blocking pour les sessions de travail approfondi

Le blocage du temps est une technique de productivité puissante qui consiste à planifier des blocs de temps spécifiques pour un travail ciblé. En allouant des plages horaires dédiées à des tâches particulières, vous créez un horaire de travail structuré qui minimise les distractions et optimise la productivité.

1. Identifiez les priorités : déterminez les tâches les plus importantes que vous devez accomplir. Donnez-leur la priorité en fonction de leur urgence et de leur importance et allouez des plages horaires spécifiques pour chaque tâche en conséquence.

2. Fixez-vous des objectifs réalisables : divisez les tâches plus importantes en morceaux plus petits et gérables. Attribuez des délais réalistes pour accomplir ces petites tâches et allouez des plages de temps spécifiques pour y travailler.

3. Tâche unique : pendant vos périodes de travail en profondeur, concentrez-vous uniquement sur la tâche à accomplir. Évitez le multitâche car cela divise votre attention et réduit la qualité de votre travail.

4. Faites des pauses : il est essentiel de prévoir de courtes pauses entre les blocs de travail ciblé. Profitez de ces pauses pour vous étirer, vous déplacer ou vous lancer dans de brèves techniques de relaxation. Cela permet à votre esprit de se réinitialiser et de maintenir sa productivité pendant des périodes plus prolongées.

Exemple 5 : James, chef de projet, a trouvé difficile d'équilibrer ses tâches de gestion et de se concentrer sur ses tâches de travail individuelles. Il a commencé à utiliser le time-blocking pour allouer des blocs de temps dédiés pour répondre aux e-mails, assister aux réunions et travailler sur les livrables du projet. En réservant des plages horaires spécifiques pour un travail en profondeur, James a pu améliorer sa productivité et se concentrer sur les tâches importantes.

Exemple 6 : Maria, une graphiste indépendante, a eu du mal à procrastiner et à trouver la motivation pour démarrer ses projets créatifs. Elle a commencé à réserver du temps dans sa journée, en allouant des blocs de travail ciblés pour la conception de brainstormings et la recherche d'inspiration. Cette approche structurée a aidé Maria à éliminer les distractions, à surmonter la procrastination et à augmenter sa production créative.

4.4 Fixer des limites claires et communiquer efficacement

Fixer des limites claires et communiquer efficacement avec les autres est crucial pour rester concentré. En exprimant clairement vos besoins et vos limites, vous pouvez minimiser les interruptions et créer un environnement qui soutient votre productivité.

1. Établissez des lignes directrices en matière de communication : Communiquez avec vos collègues, membres de votre famille ou colocataires au sujet de votre besoin d'un temps de travail ininterrompu. Définissez des attentes concernant le moment où vous pouvez être approché et le moment où il est nécessaire de limiter les distractions.

2. Utilisez des repères visuels : lorsque vous êtes dans un état de travail concentré, utilisez des repères visuels pour indiquer que vous ne devez pas être dérangé, par exemple en fermant la porte de votre bureau avec des écouteurs ou en affichant un panneau « Ne pas déranger ».

3. Hiérarchisez les tâches : soyez clair sur vos priorités et communiquez-les de manière appropriée aux membres de l'équipe ou aux clients. Cela aide à gérer les attentes et garantit que vous disposez de suffisamment de temps et d'espace pour travailler sur des tâches critiques.

4. Apprenez à dire non : entraînez-vous à fixer des limites en refusant poliment les demandes ou les invitations qui ne correspondent pas à vos priorités actuelles. Apprendre à dire non permet de protéger votre temps et votre énergie pour les tâches essentielles.

Exemple 7 : Mark, un ingénieur logiciel, était souvent confronté à des interruptions de la part de collègues cherchant de l'aide alors qu'il était en pleine concentration. Il a mis en place un système de repères visuels où il portait un chapeau rouge lors de séances de travail ciblées pour indiquer qu'il ne devait pas être dérangé sauf en cas d'urgence. Cette pratique a aidé ses collègues à reconnaître quand il avait besoin de temps ininterrompu, réduisant ainsi les interruptions non essentielles.

Exemple 8 : Rachel, une enseignante, avait du mal à recevoir constamment des messages non urgents de ses parents pendant ses heures de travail. Elle a communiqué ses limites en fixant des heures de bureau spécifiques pour la communication avec les parents et en les informant poliment de sa disponibilité. En définissant des attentes claires, Rachel a pu rester concentrée pendant les heures d'enseignement et répondre aux préoccupations des parents pendant les heures de bureau désignées.

En conclusion, améliorer la concentration nécessite de créer un environnement sans distraction, de pratiquer la pleine conscience en bloquant le temps et en fixant des limites claires. En mettant en œuvre ces stratégies et techniques, vous pouvez améliorer votre capacité à rester concentré et à atteindre une plus grande productivité dans divers domaines de votre vie.

Chapitre 5 : Améliorer les compétences en matière de prise de décision

Améliorer les compétences décisionnelles est essentiel pour faire des choix éclairés dans la vie personnelle et professionnelle. Cela implique de développer une approche structurée pour évaluer les options, évaluer les risques et considérer les conséquences. Des techniques telles que la collecte d'informations pertinentes, la définition d'objectifs clairs et l'implication de la pensée critique peuvent aider à prendre de meilleures décisions. De plus, demander des conseils ou des commentaires à d'autres peut fournir des informations précieuses. Les compétences décisionnelles bénéficient également de la pratique de la conscience de soi et de l'intelligence émotionnelle pour gérer les préjugés et les émotions qui pourraient obscurcir le jugement. En perfectionnant continuellement ces compétences, les individus peuvent renforcer leur confiance dans la prise de décision, améliorer leurs capacités à résoudre des problèmes et faire des choix qui correspondent à leurs objectifs et valeurs à long terme.

5.1 Collecte d'informations suffisantes :

L'un des aspects fondamentaux d'une prise de décision efficace est la capacité à rassembler suffisamment d'informations.

Prendre des décisions basées sur des informations limitées ou incomplètes peut conduire à de mauvais résultats. Il est donc crucial d'investir du temps et des efforts dans la collecte d'informations pertinentes et précises avant de prendre une décision.

Par exemple, considérons un scénario dans lequel vous devez acheter un nouvel ordinateur portable pour le travail. Avant de prendre une décision, vous devez recueillir des informations sur les différentes marques d'ordinateurs portables, leurs caractéristiques, les prix, les avis des clients et leur compatibilité avec les exigences de votre travail. En rassemblant suffisamment d'informations, vous pouvez prendre une décision éclairée qui correspond à vos besoins et préférences.

5.2 Analyser les avantages et les inconvénients :
Une fois que vous avez rassemblé suffisamment d'informations, l'étape suivante consiste à analyser les avantages et les inconvénients des options disponibles. En évaluant objectivement les avantages et les inconvénients, vous pouvez mieux comprendre les résultats potentiels et prendre une décision plus éclairée.

Pour illustrer, imaginez que vous envisagez d'accepter ou non une offre d'emploi dans une nouvelle entreprise. En analysant les avantages et les inconvénients, vous découvrirez peut-être que la nouvelle entreprise offre un salaire plus élevé, mais qu'elle nécessiterait des heures de travail plus longues et des déplacements plus longs. En revanche, votre emploi actuel offre un horaire plus flexible et des déplacements plus courts mais avec un salaire légèrement inférieur. En pesant le pour et le contre, vous pouvez prendre une décision qui tient compte des compromis et qui correspond à vos priorités.

5.3 Considération des implications à long terme :

En plus d'analyser les avantages et les inconvénients immédiats, il est également crucial de considérer les implications à long terme de votre décision. Certaines décisions peuvent avoir des avantages immédiats mais peuvent avoir des conséquences négatives à l'avenir. Il est essentiel d'adopter une approche prospective et de considérer l'impact potentiel à long terme avant de prendre une décision.

Par exemple, considérons la décision de démarrer une nouvelle entreprise. Même si l'enthousiasme immédiat et le potentiel de gain financier peuvent être attrayants, il est crucial d'envisager les implications à long terme. Des facteurs tels que les tendances du marché, la concurrence, la durabilité et l'évolutivité doivent être évalués pour garantir que la décision correspond à vos buts et objectifs à long terme.

5.4 Solliciter l'avis des autres :

Un autre moyen efficace d'améliorer les compétences décisionnelles consiste à solliciter l'avis des autres. Différentes perspectives peuvent fournir des informations précieuses et remettre en question vos propres préjugés ou angles morts. En rassemblant diverses opinions, vous pouvez prendre une décision plus éclairée et plus éclairée.

Par exemple, imaginez que vous essayez de décider si vous souhaitez investir dans une action particulière. Au lieu de vous fier uniquement à votre propre analyse, vous pouvez demander l'avis de conseillers financiers, d'investisseurs expérimentés ou même de forums en ligne où les gens discutent des stratégies d'investissement. En prenant en compte une variété d'opinions, vous pouvez acquérir une perspective plus large et prendre une décision d'investissement plus éclairée.

5.5 Prendre des décisions en temps opportun :

S'il est essentiel de recueillir des informations, d'analyser les avantages et les inconvénients et d'envisager les implications à long terme, il est tout aussi important de prendre des décisions en temps opportun. La procrastination ou l'indécision peuvent conduire à des opportunités manquées ou à des retards inutiles dans la réalisation de vos objectifs. Par conséquent, développer la capacité à prendre des décisions en temps opportun est une compétence cruciale pour améliorer la compétence décision-nelle.

Par exemple, disons que vous envisagez de vous inscrire à un cours de développement professionnel qui correspond à vos objectifs de carrière. Vous avez rassemblé des informations, analysé les coûts et les avantages et examiné les implications à long terme. Prendre une décision en temps opportun plutôt que de tergiverser peut vous permettre de profiter du cours et de développer davantage vos compétences, ce qui peut avoir un impact positif sur votre progression de carrière.

Conclusion:

L'amélioration des compétences décisionnelles implique di-verses stratégies telles que la collecte d'informations suff-isantes, l'analyse des avantages et des inconvénients, la prise en compte des implications à long terme, la recherche de l'avis des autres et la prise de décisions en temps opportun. En intégrant ces pratiques dans votre processus décisionnel, vous pouvez prendre des décisions plus éclairées, plus efficaces et plus percutantes.

N'oubliez pas que la prise de décision est une compétence qui s'améliore avec la pratique et l'expérience. Développer la capacité de recueillir et d'analyser des informations, de prendre en compte les implications à long terme, de rechercher l'avis des autres et de prendre des décisions en temps opportun peut vous aider à devenir un décideur plus confiant et plus efficace.

Chapitre 6 : Techniques de communication efficaces

Une communication efficace est essentielle dans un cadre personnel et professionnel. Cela nous aide à transmettre clairement nos pensées et nos idées, à comprendre clairement le point de vue des autres, à établir des relations solides et à atteindre nos objectifs. Dans ce chapitre, nous explorerons diverses techniques qui peuvent améliorer nos compétences en communication et faire de nous des communicateurs plus efficaces.

6.1 Écoute active et pose de questions de clarification

L'écoute active est une compétence cruciale pour une communication efficace. Cela implique de se concentrer pleinement et de comprendre le message véhiculé par l'orateur. Pour être un auditeur actif, vous devez concentrer votre attention sur l'orateur, éviter les distractions et lui accorder toute votre attention.

Une façon de montrer une écoute active consiste à utiliser des indices non verbaux tels que maintenir un contact visuel, hocher la tête et utiliser des expressions faciales appropriées. Ces gestes indiquent que vous êtes engagé et intéressé par ce que dit l'orateur.

Un autre aspect important de l'écoute active consiste à poser des questions de clarification. Parfois, le message de l'orateur peut ne pas être clair ou être sujet à interprétation. En posant des questions, vous pouvez demander des éclaircissements et vous assurer que vous comprenez correctement le message. Cela démontre également votre intérêt pour la conversation et encourage l'orateur à élaborer et à fournir plus d'informations.

Par exemple, imaginez que vous participez à une réunion d'équipe où un collègue présente une nouvelle proposition de projet. Au lieu d'écouter passivement, vous vous engagez dans une écoute active en maintenant un contact visuel, en hochant la tête et en posant des questions pour clarifier certains aspects de la proposition. Cela vous aide à mieux comprendre le projet et vous permet de fournir une contribution précieuse.

6.2 Fixer des objectifs et des attentes clairs

Une communication claire commence par la définition d'objectifs et d'attentes clairs. Lors de la communication, il est important de définir le but et le résultat souhaité de la conversation. Cela aide les deux parties à comprendre l'objectif principal et à aligner leurs efforts pour atteindre les objectifs visés.

Par exemple, dans un projet de travail, vous devez communiquer clairement les objectifs du projet, les jalons et les délais aux membres de votre équipe. Ce faisant, vous leur fournissez une compréhension claire de ce qui doit être accompli et dans quel délai. Cette clarté permet une collaboration efficace et garantit que tout le monde travaille vers le même objectif final.

Définir des attentes est tout aussi important. Communiquer ce que vous attendez des autres en termes de qualité, de respect des délais ou de tout autre facteur pertinent établit la norme en matière de performance. Cela réduit les malentendus et permet à chacun d'atteindre les résultats souhaités.

Par exemple, supposons que vous travailliez avec un designer indépendant pour créer un logo pour votre entreprise. Communiquer clairement vos attentes concernant la palette de couleurs du style de conception et les livrables souhaités garantit que le concepteur sait ce qui est attendu et peut livrer en conséquence.

6.3 Utilisation des outils et technologies de communication

Les progrès technologiques ont grandement influencé notre façon de communiquer. Il existe désormais de nombreux outils et technologies disponibles qui peuvent améliorer l'efficience et l'efficacité de notre communication.

Les logiciels de visioconférence par messagerie instantanée et de gestion de projet ne sont que quelques exemples d'outils de communication capables de rationaliser les processus de communication et d'améliorer la collaboration. Ces outils permettent une communication rapide et efficace quelles que soient les barrières géographiques. Ils permettent également de partager facilement les commentaires et les mises à jour des documents.

Par exemple, si vous collaborez sur un projet avec des membres de l'équipe provenant de différents endroits, l'utilisation d'un logiciel de vidéoconférence peut faciliter les réunions virtuelles permettant une communication en face-à-face et fournissant une plate-forme de discussion et de prise de décision. Cela permet d'économiser du temps et des frais de déplacement tout en permettant une communication efficace.

Cependant, il est important de choisir l'outil adapté à cet objectif. Tous les outils de communication ne sont pas adaptés à toutes les situations. Évaluer les exigences spécifiques de votre communication et sélectionner l'outil approprié peut améliorer considérablement votre efficacité dans la transmission de votre message.

6.4 Fournir des commentaires constructifs

Les commentaires constructifs jouent un rôle essentiel dans une communication efficace. Il aide les individus à améliorer leurs performances, fournit des conseils et encourage la croissance. Lorsque vous fournissez des commentaires, il est important d'être objectif et constructif.

Être spécifique signifie fournir des commentaires sur les actions, les comportements ou les résultats spécifiques que vous souhaitez aborder. Des commentaires vagues ou généraux peuvent laisser le destinataire confus et incertain de ce qui doit être amélioré. En étant précis, vous apportez de la clarté et des orientations d'amélioration.

L'objectivité est cruciale lors de la fourniture de commentaires.

Cela implique de se concentrer sur les faits plutôt que sur les opinions ou émotions personnelles. Les commentaires objectifs sont plus susceptibles d'être bien reçus et moins susceptibles de créer une attitude défensive ou un conflit.

Les commentaires constructifs doivent également être équilibrés avec des aspects positifs. Reconnaître les points forts et mettre en évidence les domaines à améliorer crée un environnement plus favorable et plus encourageant pour la croissance.

Par exemple, lorsque vous fournissez des commentaires à un membre de l'équipe sur ses compétences en matière de présentation, au lieu de dire « Votre présentation était horrible, fournissez des commentaires spécifiques et objectifs tels que « Votre projection vocale était faible et vous pourriez essayer d'utiliser plus de visuels pour améliorer la compréhension du public. Cependant, votre contenu était bien documenté et vos exemples étaient efficaces.

6.5 Établir des relations solides

Des relations solides reposent sur une communication efficace. Établir des relations nécessite une écoute active, de l'empathie et de la compréhension. Cela implique de créer un environnement dans lequel les individus se sentent valorisés, respectés et entendus.

Pour bâtir des relations solides, il est important d'investir du temps dans les interactions personnelles. Prendre le temps d'apprendre à connaître les gens à un niveau personnel peut renforcer les relations, favoriser la confiance et créer un sentiment de camaraderie. Cela peut être aussi simple que de s'engager dans une petite conversation en posant des questions sur leurs intérêts ou en faisant preuve d'une véritable attention et préoccupation.

L'empathie est également un élément crucial pour établir des relations solides. En vous mettant à la place des autres et en essayant de comprendre leurs points de vue et leurs émotions, vous faites preuve d'empathie. Cela contribue à créer une connexion et favorise la compréhension mutuelle.

Par exemple, si un membre de l'équipe est confronté à un problème personnel qui affecte ses performances, faire preuve d'empathie en offrant de la flexibilité ou des ressources de soutien peut renforcer la relation et instaurer la confiance.

En conclusion, des techniques de communication efficaces sont essentielles pour des interactions et des relations réussies. L'écoute active et le fait de poser des questions de clarification améliorent la compréhension tout en fixant des objectifs et des attentes clairs pour garantir que tout le monde est sur la même longueur d'onde. L'utilisation d'outils et de technologies de communication augmente l'efficacité et fournit des commentaires constructifs favorise la croissance. Enfin, l'établissement de relations solides nécessite une écoute active, une empathie et un investissement de temps dans les interactions personnelles. En perfectionnant ces techniques, nous pouvons devenir des communicateurs plus efficaces et obtenir de meilleurs résultats dans notre vie personnelle et professionnelle.

Chapitre 7 : Déléguer et externaliser

La délégation et l'externalisation sont des stratégies cruciales pour gérer efficacement la charge de travail et atteindre une efficacité optimale. Déléguer implique d'attribuer des tâches et des responsabilités à d'autres membres d'une équipe, en fonction de leurs compétences et capacités, afin de libérer du temps pour des activités plus critiques. L'externalisation, quant à elle, implique de faire appel à des professionnels ou à des organisations externes pour gérer des tâches ou des fonctions spécifiques, souvent pour accéder à une expertise spécialisée.

Ces pratiques peuvent aider les particuliers et les entreprises à rationaliser leurs opérations, à réduire leur charge de travail et à se concentrer sur leurs compétences de base. Une délégation efficace nécessite une communication claire, une confiance dans les membres de l'équipe et un suivi régulier. L'externalisation exige une sélection et une gestion minutieuses des fournisseurs pour garantir les résultats souhaités.

En maîtrisant ces compétences, les individus et les organisations peuvent optimiser l'allocation des ressources, améliorer la productivité et se concentrer sur les priorités stratégiques, conduisant finalement à de meilleurs résultats et à une meilleure croissance.

7.1 Identification des tâches pouvant être déléguées :

La délégation est le processus d'attribution de tâches et de responsabilités à d'autres, leur permettant d'assumer plus de responsabilités et d'autorité. Cependant, toutes les tâches ne se prêtent pas à la délégation. Il est important d'identifier les tâches qui peuvent être déléguées efficacement. Voici quelques facteurs à prendre en compte lors de l'identification des tâches pouvant être déléguées :

1. Tâches de routine : les tâches répétitives et ne nécessitant pas de connaissances ou d'expertise spécifiques sont idéales pour la délégation. Par exemple, le classement de la saisie des données ou la planification des rendez-vous peuvent être facilement délégués.

2. Tâches chronophages : Les tâches qui prennent beaucoup de temps mais qui ne sont pas critiques pour votre rôle peuvent être déléguées. Cela libérera votre temps pour des tâches plus stratégiques et prioritaires. Par exemple, l'organisation de réunions, la réalisation de recherches ou la préparation de rapports peuvent être déléguées.

3. Tâches qui correspondent aux compétences et capacités des autres : recherchez des tâches qui correspondent aux compétences et capacités des membres de votre équipe. Attribuez des tâches qui mettent en valeur leurs points forts et aidez-les à évoluer dans leur rôle. Par exemple, si un membre de votre équipe excelle en conception graphique, vous pouvez déléguer la tâche de création de contenu visuel pour les supports marketing.

4. Tâches favorisant le développement : La délégation peut également être utilisée comme outil de développement des employés. Attribuer des tâches qui mettent les membres de votre équipe au défi et leur permettent d'acquérir de nouvelles compétences peut contribuer à améliorer leur croissance professionnelle. Par exemple, déléguer une tâche de gestion de projet à une personne désireuse de développer ses compétences en leadership.

Exemple:

Disons que vous êtes responsable marketing dans une entreprise. Vous avez été chargé d'organiser un événement d'entreprise qui comprend la sélection d'un lieu, la coordination avec les fournisseurs, la gestion du budget et la création de matériel promotionnel. Au lieu de gérer vous-même toutes ces tâches, vous pouvez déléguer des responsabilités spécifiques aux membres de votre équipe. Vous pouvez assigner une personne pour rechercher et sélectionner un lieu approprié, une autre personne pour coordonner avec les fournisseurs, une autre pour gérer le budget et un autre membre de l'équipe pour gérer la création du matériel promotionnel. En déléguant ces tâches, vous pouvez vous concentrer sur la supervision de l'ensemble de l'événement et assurer son succès.

7.2 Sélection des bonnes personnes pour la délégation :

Une fois que vous avez identifié les tâches pouvant être déléguées, l'étape suivante consiste à sélectionner les bonnes personnes à qui déléguer ces tâches. Une délégation efficace nécessite un examen attentif des compétences et de l'expérience des individus. Voici quelques facteurs à prendre en compte lors de la sélection des bonnes personnes pour la délégation :

1.   Compétences et expertise : associez les compétences et l'expertise requises pour la tâche aux capacités des délégués potentiels. Recherchez des personnes qui possèdent les connaissances et l'expérience nécessaires pour accomplir la tâche efficacement. Par exemple, si vous devez déléguer une tâche technique, vous choisirez une personne possédant une solide expérience technique.

2.   Motivation et intérêt : réfléchissez à la motivation et à l'intérêt des délégués potentiels. Trouvez des personnes enthousiastes à l'idée d'assumer de nouvelles responsabilités et désireuses d'apprendre et de grandir. Assurez-vous que la tâche correspond à leurs intérêts et aspirations.

3. Disponibilité et charge de travail : Évaluez la disponibilité et la charge de travail des délégués potentiels. Assurez-vous qu'ils ont le temps et la capacité d'assumer des responsabilités supplémentaires. Évitez de surcharger les personnes qui ont déjà du mal à respecter leurs engagements existants.

4. Opportunités de développement : la délégation peut servir d'outil de développement des employés. Pensez aux personnes qui bénéficieraient de la tâche en termes d'amélioration des compétences et de croissance professionnelle. Attribuer des tâches qui mettent à profit leurs capacités peut renforcer leur confiance et leurs compétences.

Exemple:

   Continuons avec l'exemple de l'organisation d'un événement d'entreprise. Vous avez identifié des tâches spécifiques pouvant être déléguées, telles que la sélection des lieux, la coordination des fournisseurs, la gestion du budget et la création de matériel promotionnel. Pour sélectionner les bonnes personnes à déléguer, vous évaluerez les compétences et les intérêts des membres de votre équipe. Vous pouvez confier la tâche de sélection du lieu à une personne ayant de l'expérience dans la planification d'événements ou le repérage de lieux. La tâche de coordination des fournisseurs peut être déléguée à un autre membre de l'équipe possédant des compétences avérées en négociation et en communication. La tâche de gestion budgétaire peut être confiée à une personne possédant une expertise financière et la tâche de matériel promotionnel peut être confiée à un membre de l'équipe possédant de solides compétences en conception. En sélectionnant les individus en fonction de leurs capacités et de leurs intérêts, vous augmentez les chances de réussite de la délégation.

7.3 Instructions et attentes claires :

Lors de la délégation de tâches, il est essentiel de fournir des instructions claires et de définir des attentes auprès des personnes assumant les responsabilités. Une communication claire garantit que tout le monde est sur la même longueur d'onde et comprend ce qui doit être fait. Voici quelques lignes directrices pour fournir des instructions et des attentes claires :

1. Définir clairement la tâche : expliquez clairement la tâche au délégué, y compris le résultat souhaité et toutes les exigences spécifiques. Fournissez autant de détails que nécessaire, mais évitez de les submerger d'informations inutiles.

2. Fixez des buts et des objectifs clairs : Énoncez clairement les buts et les objectifs qui doivent être atteints. Établissez des

objectifs mesurables pour évaluer les progrès et le succès. Par exemple, si vous déléguez un projet marketing, vous pouvez définir des objectifs tels qu'augmenter le trafic du site Web de 20 % ou générer 100 nouveaux prospects.

3. Discutez des délais et des échéanciers : Communiquez clairement les délais et le calendrier d'exécution de la tâche. Assurez-vous qu'il existe une compréhension commune du moment où chaque étape ou jalon doit être atteint. Fixez des délais réalistes pour éviter une pression excessive ou un travail précipité.

4. Fournir les ressources et le soutien nécessaires : identifier et fournir les ressources et le soutien requis pour mener à bien la tâche. Cela peut inclure l'accès à des outils de formation, d'information ou une collaboration avec d'autres membres de l'équipe. Assurez-vous que le délégué sait où trouver ces ressources et comment demander de l'aide si nécessaire.

Exemple:
   Dans le cas de la délégation de la tâche d'organisation d'un événement d'entreprise, vous fournirez des instructions et des attentes claires à chacun des délégués. Pour la tâche de sélection du lieu, vous définirez clairement les critères de sélection d'un lieu approprié, tels que l'emplacement de la capacité et les équipements. Vous discuterez du budget et des éventuelles restrictions à prendre en compte. Vous fixerez également une date limite pour la présentation des options et un calendrier pour finaliser le lieu. De même, pour d'autres tâches déléguées, vous fournirez des instructions spécifiques, discuterez des résultats souhaités, fixerez des délais et offrirez les ressources et le

soutien nécessaires. Cette communication claire garantit que chacun comprend son rôle et ses responsabilités, réduisant ainsi les risques de malentendus ou d'erreurs.

7.4 Suivi des progrès et fourniture d'un soutien :

Une délégation efficace implique de surveiller la progression des tâches déléguées pour s'assurer qu'elles sont sur la bonne voie et de fournir un soutien en cas de besoin. Une surveillance régulière vous permet d'identifier rapidement les problèmes potentiels et de prendre des mesures correctives. Voici quelques étapes clés pour suivre les progrès et fournir un soutien :

1. Enregistrements réguliers : planifiez des réunions d'enregistrement régulières ou des mises à jour de statut pour évaluer les progrès. Profitez de ces opportunités pour évaluer la compréhension de la tâche par le délégué, clarifier toute question ou préoccupation et fournir des commentaires.

2. Suivez les jalons et les délais : gardez une trace des jalons et des délais pour garantir que les progrès sont réalisés à temps. Cela peut être fait via des outils de gestion de projet, des calendriers partagés ou des mises à jour régulières du délégué.

3. Offrez des conseils et du soutien : Soyez disponible pour offrir des conseils et un soutien si nécessaire. Cela peut impliquer de répondre à des questions, de fournir des conseils ou de partager des ressources. Encouragez une communication ouverte et créez un environnement favorable permettant au délégué de demander de l'aide en cas de besoin.

4. Fournir des commentaires constructifs : Fournissez régulière-

ment des commentaires sur les performances du délégué. Reconnaissez leurs réalisations et formulez des critiques constructives pour les aider à s'améliorer. Offrez des commentaires spécifiques sur ce qui a été bien fait et les domaines à améliorer.

Exemple:

En reprenant l'exemple de l'organisation d'un événement d'entreprise, vous suivrez la progression de chaque tâche déléguée en planifiant des enregistrements réguliers. Au cours de ces réunions, vous examinerez les progrès du délégué et lui fournirez un soutien et des conseils si nécessaire. Par exemple, si le délégué responsable de la coordination des fournisseurs rencontre des difficultés lors de la négociation de conditions favorables, vous pouvez lui offrir des conseils sur les techniques de négociation ou le mettre en contact avec une personne expérimentée dans la gestion des fournisseurs. En surveillant de manière proactive les progrès et en fournissant un soutien, vous vous assurez que les tâches déléguées restent sur la bonne voie et que les délégués se sentent soutenus dans leurs responsabilités.

7.5 Évaluation des résultats et commentaires :

Une fois les tâches déléguées terminées, il est essentiel d'évaluer les résultats et de fournir des commentaires aux personnes impliquées. L'évaluation permet d'évaluer l'efficacité de la délégation et d'identifier les domaines à améliorer. Voici quelques étapes pour évaluer les résultats et fournir des commentaires :

1. Évaluer les résultats : Évaluez si les résultats et les objectifs souhaités ont été atteints. Évaluer la qualité du travail, le respect des instructions et la réussite globale de la tâche. Comparez les résultats réels avec les objectifs fixés lors de la délégation.

2. Fournir des commentaires : Fournissez des commentaires en temps opportun aux personnes impliquées. Reconnaissez leurs réalisations et reconnaissez leurs efforts. Offrez des commentaires spécifiques sur ce qui a été bien fait et les domaines qui pourraient être améliorés. Assurez-vous que les commentaires sont constructifs et axés sur l'apprentissage et la croissance.

3. Résolvez les problèmes ou les erreurs : si des problèmes ou des erreurs ont été rencontrés au cours des tâches déléguées, résolvez-les avec les personnes impliquées. Déterminez les causes profondes des problèmes et identifiez les actions correctives ou les solutions pour éviter des problèmes similaires à l'avenir.

4. Documenter les leçons apprises : Documenter les leçons apprises du processus de délégation. Capturez des informations sur ce qui a bien fonctionné, ce qui pourrait être amélioré et les ajustements à apporter pour la future délégation. Cette documentation peut servir de référence pour affiner les processus et les pratiques de délégation.

Exemple:

Dans le cas de l'organisation d'un événement d'entreprise, une fois toutes les tâches déléguées terminées, vous évaluerez les résultats. Évaluez si l'événement a réussi à atteindre ses objectifs tels que la satisfaction des participants en respectant le budget et en créant l'atmosphère événementielle souhaitée. Fournir des commentaires aux personnes impliquées dans chaque tâche déléguée, en reconnaissant leurs contributions et en proposant des suggestions d'amélioration. Par exemple, si le matériel promotionnel n'a pas eu l'impact souhaité, fournissez des commentaires sur les domaines à améliorer tels que la conception du message ou le choix des canaux de marketing. Documentez toutes les leçons apprises, telles que l'affinement des critères de sélection des fournisseurs ou la fourniture de lignes directrices plus complètes pour la planification d'événements futurs. En évaluant les résultats et en fournissant des commentaires, vous pouvez améliorer continuellement l'efficacité de la délégation.

En conclusion, une délégation efficace implique d'identifier les tâches adaptées à la délégation, de sélectionner les bonnes personnes pour la délégation, de fournir des instructions et des attentes claires, de suivre les progrès, de fournir un soutien, d'évaluer les résultats et de fournir des commentaires. En suivant ces étapes, vous pouvez déléguer des tâches avec succès, responsabilisez les membres de votre équipe et obtenez une plus grande productivité et efficacité dans votre travail. La délégation est une compétence précieuse pour les dirigeants et les managers car elle vous permet non seulement de vous concentrer sur des tâches plus stratégiques, mais développe également les capacités et les compétences des membres de votre équipe.

Chapitre 8 : Gérer l'énergie et le bien-être

La gestion de l'énergie et du bien-être est essentielle pour maintenir des performances optimales et une qualité de vie globale. Cela implique des stratégies pour maintenir la vitalité physique, mentale et émotionnelle. Des techniques telles que l'exercice régulier, une alimentation équilibrée et un sommeil adéquat contribuent au bien-être physique et à l'augmentation des niveaux d'énergie.

Le bien-être mental bénéficie des pratiques de pleine conscience, de la gestion du stress et de l'établissement d'attentes réalistes. Le bien-être émotionnel se nourrit de la conscience de soi, de relations saines et de l'intelligence émotionnelle.

Concilier travail et vie personnelle, fixer des limites et prendre du temps pour prendre soin de soi sont des éléments essentiels de la gestion de l'énergie et du bien-être. En donnant la priorité à ces aspects, les individus peuvent améliorer leur résilience, réduire l'épuisement professionnel et maintenir un niveau élevé de productivité et de satisfaction dans leurs activités personnelles et professionnelles.

8.1 Prioriser les activités de soins personnels

Prendre soin de soi est la pratique consistant à prendre soin de soi afin de maintenir et d'améliorer son bien-être physique, mental et émotionnel. Il est crucial de donner la priorité aux activités de soins personnels pour assurer un équilibre entre la vie professionnelle et personnelle et le bien-être général.

Les activités de soins personnels peuvent varier d'une personne à l'autre, car chacun a des besoins et des préférences différents. Voici quelques exemples :

1. S'adonner à des passe-temps : Les passe-temps offrent un exutoire à la détente et à la créativité. Qu'il s'agisse de peindre, de jouer d'un instrument de musique, de jardiner ou de cuisiner, s'adonner à des activités qui apportent joie et épanouissement peut grandement améliorer le bien-être.

2. Pratiquer la pleine conscience et la méditation : La pleine conscience et la méditation sont des techniques qui aident à promouvoir la clarté mentale, à réduire le stress et à améliorer le bien-être général. En concentrant son attention sur le moment présent, les individus peuvent cultiver un sentiment de calme et de détente.

3. Passer du temps avec ses proches : Entretenir des relations est un élément essentiel des soins personnels. Passer du temps de qualité avec la famille et les amis contribue à renforcer les liens sociaux, à fournir un soutien émotionnel et à réduire le stress.

4. Pratiquer l'auto réflexion et la tenue d'un journal : L'autoréflexion permet aux individus de mieux comprendre leurs pensées, leurs sentiments et leurs comportements. La tenue d'un journal offre un espace d'expression de soi et peut aider à réduire le stress et l'anxiété en traitant les émotions et les expériences.

5. Pratiquer une activité physique : L'exercice régulier est non seulement bénéfique pour la santé physique, mais a également un impact positif sur le bien-être mental. S'engager dans des activités telles que le jogging, la danse, le yoga ou les sports d'équipe peut améliorer l'humeur, réduire le stress et améliorer les niveaux d'énergie globaux.

La clé est d'identifier les activités de soins personnels qui vous intéressent et d'en faire une priorité dans votre routine quotidienne ou hebdomadaire. En intégrant les soins personnels à votre emploi du temps, vous pouvez améliorer votre bien-être général et gérer efficacement votre énergie.

8.2 Établir des habitudes saines

Établir des habitudes saines est essentiel pour maintenir les niveaux d'énergie et le bien-être général. Les habitudes saines sont des comportements qui contribuent au bien-être physique, mental et émotionnel et qui se maintiennent au fil du temps. Voici quelques exemples d'habitudes saines :

1. Avoir une alimentation équilibrée : La consommation d'une variété d'aliments riches en nutriments fournit au corps des vitamines, des minéraux et de l'énergie essentiels. Une alimen-

tation équilibrée comprend des grains entiers, des protéines maigres, des fruits et légumes et des graisses saines.

2. Rester hydraté : L'hydratation est essentielle au maintien de l'énergie et de la santé globale. Boire une quantité adéquate d'eau chaque jour aide à réguler la température corporelle, à favoriser la digestion et à favoriser les fonctions cognitives.

3. Pratiquer des techniques de gestion du stress : Le stress chronique peut avoir un impact négatif sur le bien-être et les niveaux d'énergie. Adopter des techniques de gestion du stress telles que des exercices de relaxation par respiration profonde ou s'adonner à des passe-temps peut aider à réduire le stress et à améliorer le bien-être général.

4. Limiter le temps passé devant un écran : Un temps excessif passé devant un écran, surtout avant de se coucher, peut perturber les habitudes de sommeil et avoir un impact sur le bien-être général. Établir des limites à l'utilisation des écrans, comme éteindre les écrans une heure avant le coucher, peut améliorer la qualité du sommeil et les niveaux d'énergie.

5. Prendre des pauses régulières : Prendre de courtes pauses tout au long de la journée peut aider à prévenir la fatigue mentale et physique. S'engager dans des activités ou des pratiques telles que des étirements, des marches ou des exercices de pleine conscience pendant les pauses peut renouveler l'énergie et améliorer la concentration.

Établir des habitudes saines nécessite de la cohérence et de l'engagement. En intégrant ces habitudes dans votre routine quotidienne, vous pouvez optimiser votre niveau d'énergie, améliorer votre bien-être et bénéficier d'une plus grande productivité globale.

8.3 Obtenir un sommeil et un repos adéquats

Un sommeil et un repos adéquats sont essentiels au maintien des niveaux d'énergie, des fonctions cognitives et du bien-être général. Le manque de sommeil peut entraîner une fatigue, une diminution de la concentration et une augmentation du niveau de stress. Voici quelques stratégies pour favoriser un sommeil et un repos de qualité :

1. Établir une routine de sommeil : Se coucher et se réveiller à la même heure chaque jour aide à réguler l'horloge interne du corps et améliore la qualité du sommeil. Créer une routine au coucher comprenant des activités de détente telles que lire ou prendre un bain chaud signale au corps de se préparer au sommeil.

2. Créer un environnement propice au sommeil : Créer un environnement de sommeil confortable et relaxant peut favoriser un sommeil réparateur. Assurez-vous que votre chambre soit fraîche, sombre et calme et investissez dans un matelas et des oreillers de soutien adaptés à vos préférences.

3. Limiter l'exposition aux activités stimulantes avant de se coucher : s'adonner à des activités stimulantes telles que regarder la télévision à l'aide d'appareils électroniques ou consommer de la caféine à l'approche de l'heure du coucher peut interférer avec le sommeil. Il est conseillé de limiter ces

activités au moins une heure avant de se coucher.

4. Pratiquer des techniques de relaxation : S'engager dans des techniques de relaxation telles que des exercices de respiration profonde, une méditation guidée ou une relaxation musculaire progressive peut aider à calmer l'esprit et à préparer le corps au sommeil.

5. Prendre des pauses et des temps d'arrêt réguliers : se reposer et se ressourcer tout au long de la journée est crucial pour maintenir les niveaux d'énergie. Prendre de courtes pauses pour se déconnecter des activités liées au travail et s'adonner à des activités de loisirs agréables peut aider à prévenir l'épuisement professionnel et à favoriser le bien-être général.

Dormir et se reposer suffisamment devrait être une priorité pour optimiser les niveaux d'énergie, la fonction cognitive et le bien-être général. En mettant en œuvre ces stratégies, les individus peuvent établir des habitudes de sommeil saines et améliorer leur qualité de vie globale.

8.4 Favoriser la forme physique

La forme physique fait partie intégrante du bien-être général. S'engager dans une activité physique régulière améliore non seulement la santé physique, mais a également des effets positifs sur la fonction cognitive et les niveaux d'énergie en matière de santé mentale. Voici quelques exemples d'activités de conditionnement physique :

1. Exercice cardiovasculaire : des activités telles que le jogging,

le cyclisme, la natation ou la danse augmentent la fréquence cardiaque, améliorent la santé cardiovasculaire et augmentent l'endurance globale. L'exercice cardiovasculaire régulier améliore les niveaux d'énergie et favorise un sentiment de bien-être.

2. Entraînement de force : S'engager dans des exercices de musculation tels que des exercices d'haltérophilie ou de poids corporel aide à développer et à maintenir la force musculaire et l'endurance. L'entraînement en force améliore la fonction métabolique globale de la condition physique et les niveaux d'énergie.

3. Exercices de flexibilité : Des activités telles que le yoga ou le Pilates améliorent l'équilibre de la flexibilité et la conscience du corps. Ces exercices aident à prévenir les blessures, à améliorer la posture et à favoriser la relaxation.

4. Activités de plein air : la participation à des activités de plein air telles que la randonnée, le jardinage ou la pratique de sports permet non seulement de faire de l'exercice physique, mais permet également aux individus de se connecter avec la nature, de réduire les niveaux de stress et d'améliorer leur bien-être.

La clé pour favoriser la forme physique est de trouver des activités agréables et conformes aux préférences et aux objectifs personnels. L'activité physique régulière améliore non seulement la santé physique, mais augmente également les niveaux d'énergie, réduit le stress et améliore le bien-être général.

8.5 Réduire le stress et pratiquer l'équilibre travail-vie personnelle

Le stress est un aspect courant de la vie quotidienne et peut avoir un impact significatif sur le bien-être général et les niveaux d'énergie. La pratique de techniques de réduction du stress et l'établissement d'un équilibre sain entre vie professionnelle et vie privée peuvent aider à gérer efficacement le stress. Voici quelques stratégies pour réduire le stress et atteindre l'équilibre travail-vie personnelle :

1. Établir des priorités et fixer des limites : identifiez vos priorités et fixez des limites pour protéger votre temps et votre énergie. Apprenez à dire non aux engagements inutiles et déléguez des tâches lorsque cela est possible. Fixer des limites garantit que vous aurez du temps pour prendre soin de vous, vous détendre et faire des activités qui vous apportent de la joie.

2. Gestion du temps : des techniques efficaces de gestion du temps, telles que la création d'horaires fixant des objectifs réalistes et la priorisation des tâches, peuvent réduire le stress et améliorer la productivité. Apprendre à gérer efficacement son temps permet un meilleur équilibre entre vie professionnelle et vie personnelle.

3. Adopter des techniques de relaxation : La pratique de techniques de relaxation telles que la méditation sur la respiration profonde ou les exercices de pleine conscience peut aider à réduire les niveaux de stress et à favoriser un sentiment de calme. L'intégration de ces activités à votre routine quotidienne peut améliorer le bien-être général et les niveaux d'énergie.

4. Construire un système de soutien : Cultiver un système de soutien composé d'amis de la famille ou de collègues peut

fournir un soutien émotionnel et aider à gérer le stress. Partager ses préoccupations et demander conseil à des personnes de confiance peut atténuer le stress et offrir des perspectives différentes.

5. Prendre des pauses et des vacances régulières : allouer des pauses régulières tout au long de la journée et planifier des vacances peut aider à se ressourcer et à réduire le niveau de stress. S'éloigner des activités liées au travail permet de consacrer du temps à des activités de loisirs et de détente et de s'éloigner des facteurs de stress quotidiens.

En mettant en œuvre ces stratégies, les individus peuvent gérer efficacement leur stress et atteindre un équilibre sain entre leur vie professionnelle et leur vie privée. Donner la priorité aux soins personnels en fixant des limites et en intégrant des techniques de relaxation dans les routines quotidiennes peut améliorer les niveaux d'énergie et de productivité en général.

En conclusion, la gestion de l'énergie et du bien-être est essentielle au maintien de la productivité et du bonheur en matière de santé globale. Donner la priorité aux activités de soins personnels, établir des habitudes saines, dormir et se reposer suffisamment, favoriser la forme physique, réduire le stress et pratiquer l'équilibre travail-vie personnelle sont des éléments essentiels de la gestion de l'énergie et du bien-être. En mettant en œuvre ces stratégies et en en faisant une priorité, les individus peuvent optimiser leur niveau d'énergie, promouvoir leur bien-être et mener une vie épanouissante et équilibrée.

100 conseils productifs

Gestion du temps et planification :

1. Hiérarchisez les tâches à l'aide de la matrice Eisenhower (urgentes ou importantes).
2. Créez une liste de choses à faire pour chaque jour.
3. Utilisez le blocage du temps pour planifier votre journée.
4. Fixez-vous des objectifs SMART (spécifiques, mesurables, réalisables, pertinents, limités dans le temps).
5. Planifiez votre semaine le dimanche ou la veille.
6. Utilisez des applications de productivité comme Todoist, Trello ou Asana pour organiser les tâches.
7. Limitez le multitâche ; se concentrer sur une tâche à la fois.
8. Utilisez la technique Pomodoro (25 minutes de travail, 5 minutes de pause).
9. Regroupez des tâches similaires pour éviter de changer fréquemment de contexte.
10. Apprenez à dire non aux tâches qui ne correspondent pas à vos objectifs.

Espace de travail et environnement :

11. Créez un espace de travail organisé et sans encombrement.

12. Utilisez une chaise confortable et un bureau ergonomique.

13. Assurez un bon éclairage pour réduire la fatigue oculaire.

14. Gardez les fournitures essentielles à portée de main.

15. Utilisez des écouteurs antibruit dans un environnement bruyant.

16. Décorez votre espace de travail avec des objets de motivation.

17. Gardez votre espace de travail propre et bien rangé.

18. Minimisez les distractions en désencombrant votre bureau.

19. Aménagez un espace de travail dédié pour séparer le travail des loisirs.

20. Investissez dans une technologie qui améliore la productivité (par exemple, deux moniteurs).

Gestion des tâches:

21. Divisez les tâches en étapes plus petites et gérables.

22. Utilisez la règle des 2 minutes pour les tâches rapides (si cela prend moins de 2 minutes, faites-le maintenant).

23. Déléguez les tâches lorsque cela est possible.

24. Utilisez le principe « Mangez cette grenouille » : attaquez-vous d'abord à la tâche la plus difficile.

25. Révisez régulièrement votre liste de tâches pour rester sur la bonne voie.

26. Utilisez les applications de gestion des tâches pour suivre les progrès.

27. Conservez un cahier ou une application de prise de notes numérique pour les idées et les tâches.

28. Fixez des délais pour les tâches afin de créer un sentiment d'urgence.

29. Utilisez la « règle des deux minutes » pour prendre des décisions rapides (si une décision prend moins de deux minutes, prenez-la immédiatement).

30. Utilisez la méthode des « 3 tâches les plus importantes » pour identifier les priorités quotidiennes.

Gain de temps:

31. Automatisez les tâches répétitives à l'aide d'outils comme Zapier.

32. Utilisez des raccourcis clavier pour les actions courantes.

33. Déléguez ou externalisez des tâches qui ne sont pas vos points forts.

34. Utilisez les outils d'expansion de texte pour gagner du temps de frappe.

35. Limitez la vérification des réseaux sociaux et des e-mails à des heures précises.

36. Désabonnez-vous des newsletters et notifications par courrier électronique.

37. Utilisez des modèles pour les e-mails et les documents courants.

38. Utilisez la fonction « Snooze » dans le courrier électronique pour gérer les messages entrants.

39. Traitement par lots des e-mails et des réseaux sociaux.

40. Configurez des filtres et des étiquettes pour organiser votre boîte de réception.

Concentration et concentration :

41. Pratiquez la méditation de pleine conscience pour améliorer votre concentration.

42. Réduisez les notifications sur vos appareils.

43. Mettez votre téléphone en mode Ne pas déranger pendant

les heures de travail.

44. Utilisez des bloqueurs de sites Web pour limiter l'accès aux sites distrayants.

45. Créez une liste de lecture musicale dédiée au travail.

46. Utilisez le bruit blanc ou les sons de la nature pour étouffer les distractions.

47. Donnez la priorité aux séances de travail approfondies pour les tâches importantes.

48. Faites de courtes pauses pour vous ressourcer et éviter l'épuisement professionnel.

49. Utilisez la règle des 2 heures (travaillez pendant 2 heures, puis faites une pause plus longue).

50. Pratiquez la règle du « 10-3-2-1-0 » pour un meilleur sommeil : 10 heures avant de vous coucher, arrêtez de consommer de la caféine ; 3 heures, arrêtez de manger ; 2 heures, arrêtez de travailler ; 1 heure, arrêter le temps d'écran ; 0, va dormir.

Soins personnels et santé :

51. Dormez suffisamment (7 à 9 heures par nuit).

52. Faites de l'exercice régulièrement pour augmenter votre énergie et votre concentration.

53. Adoptez une alimentation équilibrée pour alimenter votre cerveau et votre corps.

54. Restez hydraté en buvant suffisamment d'eau tout au long de la journée.

55. Faites de courtes promenades pour vous rafraîchir l'esprit.

56. Pratiquez des exercices de respiration profonde pour soulager le stress.

57. Évitez le surmenage et prenez des pauses régulières.

58. Maintenir un équilibre travail-vie personnelle pour éviter l'épuisement professionnel.

59. Prévoyez des temps d'arrêt pour les loisirs et la détente.

60. Faites des examens réguliers et donnez la priorité à votre santé.

Apprentissage et croissance personnelle :

61. Lisez des livres, des articles et des recherches pour élargir vos connaissances.

62. Prévoyez du temps pour l'apprentissage continu et le développement des compétences.

63. Assistez à des ateliers, des séminaires et des webinaires.

64. Recherchez des commentaires pour améliorer vos compétences et votre travail.

65. Rejoignez les réseaux et associations professionnels.

66. Créez un plan de développement personnel.

67. Tenez un journal pour réfléchir à vos progrès et à vos objectifs.

68. Entourez-vous de personnes positives et solidaires.

69. Restez curieux et ouvert d'esprit.

70. Acceptez l'échec comme une opportunité d'apprentissage.

Technologie et outils :

71. Utilisez un logiciel de gestion de projet pour collaborer efficacement.

72. Investissez dans un ordinateur portable ou un ordinateur de haute qualité.

73. Apprenez les raccourcis clavier de vos logiciels les plus utilisés.

74. Utilisez le stockage cloud pour accéder facilement aux documents.

75. Mettez régulièrement à jour vos logiciels et applications.

76. Sauvegardez régulièrement vos données.

77. Utilisez des outils de gestion de mots de passe pour sécuriser les comptes.

78. Apprenez à résoudre les problèmes techniques de base.

79. Personnalisez les paramètres de votre appareil pour plus de productivité.

80. Utilisez un deuxième moniteur pour augmenter la surface de l'écran.

Communication et collaboration :

81. Planifiez des réunions d'équipe régulières pour rester aligné.

82. Utilisez la vidéoconférence pour la communication en face à face.

83. Pratiquez l'écoute active lors des réunions et des conversations.

84. Définissez des attentes claires pour les membres de l'équipe.

85. Utilisez des outils de collaboration comme Slack et Microsoft Teams.

86. Développer des compétences efficaces en communication par courrier électronique.

87. Fournir des commentaires constructifs pour améliorer le travail d'équipe.

88. Utilisez les tableaux de gestion de projet pour un suivi visuel des progrès.

89. Encourager une communication ouverte et transparente.

90. Favoriser une culture d'équipe positive et inclusive.

Fixation d'objectifs et motivation :

91. Visualisez régulièrement vos objectifs et vos succès.

92. Célébrez les petites victoires pour rester motivé.

93. Divisez les objectifs à long terme en étapes plus courtes.

94. Partagez vos objectifs avec un partenaire responsable.

95. Créez un tableau de vision pour vous inspirer.

96. Révisez et ajustez périodiquement vos objectifs.

97. Restez passionné par votre travail et votre objectif.

98. Trouvez une motivation intrinsèque dans vos tâches.

99. Rappelez-vous pourquoi vous voulez être productif.

100. Restez persévérant et n'abandonnez pas vos objectifs.

100 conseils pour réussir

Développement personnel :

1. Croyez en vous et en vos capacités.
2. Fixez-vous des objectifs clairs et réalisables.
3. Apprendre et rechercher continuellement de nouvelles connaissances.
4. Acceptez l'échec comme un tremplin vers le succès.
5. Développer un état d'esprit de croissance.
6. Pratiquez l'autodiscipline.
7. Cultivez une attitude positive.
8. Donnez la priorité aux soins personnels et au bien-être.
9. Gérez votre temps efficacement.
10. Entourez-vous de personnes qui vous soutiennent.

Succès de carrière :

11. Réseautez et établissez des relations professionnelles.
12. Restez adaptable et ouvert au changement.
13. Recherchez des commentaires pour améliorer vos compé-

tences.

14. Prenez des risques calculés.

15. Soyez proactif et prenez des initiatives.

16. Développer d'excellentes compétences en communication.

17. Trouvez un mentor ou un modèle.

18. Restez organisé et gérez vos tâches efficacement.

19. Mettez continuellement à jour votre CV et votre profil LinkedIn.

20. Rechercher des opportunités d'évolution de carrière.

Productivité et gestion du temps :

21. Fixez-vous des objectifs spécifiques et mesurables.

22. Hiérarchisez les tâches à l'aide de la matrice d'Eisenhower.

23. Utilisez le blocage du temps pour gérer votre emploi du temps.

24. Évitez le multitâche ; se concentrer sur une tâche à la fois.

25. Utilisez la technique Pomodoro pour un travail ciblé.

26. Déléguez les tâches lorsque cela est possible.

27. Éliminez les distractions de votre espace de travail.

28. Apprenez à dire non aux engagements non essentiels.

29. Utilisez des outils et des applications de productivité.

30. Faites des pauses régulières pour vous ressourcer.

Succès financier :

31. Créez un budget et respectez-le.

32. Épargnez et investissez judicieusement pour l'avenir.

33. Vivez en dessous de vos moyens.

34. Remboursez les dettes à intérêt élevé.

35. Diversifiez vos sources de revenus.

36. Renseignez-vous sur les finances personnelles.

37. Évitez les achats impulsifs.

38. Planifiez une retraite anticipée.

39. Fixez-vous des objectifs et des jalons financiers.

40. Soyez attentif à vos habitudes de dépenses.

Santé et bien-être:

41. Faites de l'exercice régulièrement pour rester en bonne santé.

42. Ayez une alimentation équilibrée et nutritive.

43. Dormez suffisamment chaque nuit.

44. Pratiquez des techniques de gestion du stress.

45. Restez hydraté en buvant suffisamment d'eau.

46. Évitez la consommation excessive d'alcool et de tabac.

47. Planifiez des contrôles et des dépistages réguliers.

48. Donnez la priorité à la santé mentale et recherchez de l'aide en cas de besoin.

49. Participez à des passe-temps et à des activités que vous aimez.

50. Pratiquez la gratitude et la pleine conscience.

Relations et communication :

51. Écoutez activement les conversations.

52. Communiquez clairement vos pensées et vos sentiments.

53. Résoudre les conflits par un dialogue ouvert.

54. Passez du temps de qualité avec vos proches.

55. Montrez votre appréciation et exprimez votre gratitude.

56. Excusez-vous lorsque vous vous trompez.

57. Pratiquez l'empathie et la compréhension.

58. Entourez-vous d'influences positives.

59. Favorisez des limites saines dans les relations.

60. Gardez l'esprit ouvert dans les interactions.

Éducation et apprentissage :

61. Lisez régulièrement pour élargir vos connaissances.

62. Restez curieux et posez des questions.

63. Poursuivre les opportunités d'apprentissage continu.

64. Fixez-vous des objectifs et des jalons éducatifs.

65. Recherchez des commentaires pour améliorer vos compétences.

66. Restez informé de l'actualité.

67. Assistez à des ateliers, des séminaires et des webinaires.

68. Partagez vos connaissances avec les autres.

69. Mettez-vous au défi de sortir de votre zone de confort.

70. Prenez des notes et révisez ce que vous apprenez.

Croissance personnelle et bonheur :

71. Pratiquez la gratitude quotidiennement.

72. Trouvez de la joie dans les petites choses.

73. Acceptez le changement comme une opportunité de croissance.

74. Cultivez un sens du but.

75. Concentrez-vous sur ce que vous pouvez contrôler.

76. Abandonnez la négativité et les relations toxiques.

77. Célébrez vos réussites, grandes et petites.

78. Visualisez vos objectifs et vos aspirations.

79. Faites preuve de patience et de résilience.

80. Prenez le temps de réfléchir sur vous-même.

Leadership et influence :

81. Montrez l'exemple.

82. Inspirez et motivez les autres.

83. Déléguez efficacement les tâches et les responsabilités.

84. Communiquer une vision convaincante.

85. Établir la confiance et la crédibilité.

86. Apprenez des grands leaders et mentors.

87. Prenez possession de vos décisions.

88. Gérez les critiques avec grâce et humilité.

89. Donnez du pouvoir et encouragez les membres de votre équipe.

90. Restez fidèle à vos valeurs et principes.

Créativité et innovation:

91. Adoptez la créativité comme outil de résolution de problèmes.

92. Cherchez l'inspiration auprès de diverses sources.

93. Expérimentez de nouvelles idées et approches.

94. Encouragez la créativité sur votre lieu de travail.

95. Collaborer avec des personnes créatives.

96. Tenez un journal pour le brainstorming et les idées.

97. Ne craignez pas l'échec dans vos efforts créatifs.

98. Partagez votre travail créatif avec le monde.

99. Restez ouvert aux commentaires et aux améliorations.

100. Croyez au pouvoir de votre créativité.